UN CORSAIRE ANGLAIS

GUERRE

ENTRE

LA FRANCE & L'ANGLETERRE

EN 189...

PAR A. GARÇON

PARIS
...T-ANDRÉ-DES-ARTS. | 46, NOUVELLE ROUTE D'AIXE, 46.

LIMOGES

...RI CHARLES-LAVAUZELLE

Éditeur militaire.

1894

UN
CORSAIRE ANGLAIS

UN CORSAIRE ANGLAIS

GUERRE

ENTRE

LA FRANCE ET L'ANGLETERRE

EN 189...

PAR A. GARÇON

PARIS	LIMOGES
11, Place St-André-des-Arts.	46, Nouvelle Route d'Aixe.

Henri CHARLES-LAVAUZELLE

Editeur militaire

—

1894

PRÉFACE

La brillante conduite de nos vaillants marins, forçant la barre du Meïnam et amenant leurs navires devant Bangkok, qu'ils tenaient en quelque sorte à merci, ainsi que la détermination énergique du gouvernement français et l'habileté aussi bien que la promptitude avec laquelle l'amiral Humann a bloqué les côtes de Siam, n'ont pas tardé à porter leur fruit. Le roi de Siam a capitulé et accepté l'ultimatum que notre résident, M. Pavie, avait été chargé de lui signifier et que M. Le Myre de Villers est chargé de faire exécuter.

Cet heureux et prompt résultat est une victoire de la marine et de la diplomatie françaises, et le prestige de la France en Extrême Orient s'en trouvera sensiblement grandi.

Mais, quoique très satisfaits de ce résultat, l'affaire de Siam — laquelle n'est pas encore complètement réglée — aura eu pour conséquence de nous renseigner plus complètement sur les véritables sentiments de nos bons voisins les Anglais, qui

n'ont pas caché leur jalousie et leur mécontente-
ment de nous voir réussir en obtenant la satisfaction qui nous était légitimement due.

Le *Daily Telegraph*, en particulier, et certains
autres journaux ont mené une campagne gallo-
phobe d'une grande vigueur. Au Parlement anglais, des idées agressives ont été énoncées, et,
jusque dans les théâtres, toute allusion à la
France a été reçue avec défaveur.

Ce sont de pénibles sentiments qui nous ont été
révélés et qui contrastent sérieusement avec la
calme et digne attitude de la presse française et de
la population entière, qui étaient de cœur avec le
Gouvernement pour la satisfaction à exiger du
Siam, malgré l'Angleterre, dont l'intervention
n'était nullement justifiée, et qui, dans l'affaire
Birmane et dans celle de la baie de Delagoa,
avait trop à se faire pardonner pour se permettre
d'intervenir, sous quelque forme qu'elle ait pu se
produire.

On se défiait de l'Angleterre, appuyant, sinon
officiellement, du moins officieusement, la Triple
Alliance, mais on a vu que cette défiance pouvait
se justifier, d'autant plus que certaines questions,
depuis longtemps en litige, nous divisent.

L'occupation d'Egypte et les revendications françaises à Terre-Neuve occupent le premier plan, tandis que les agissements anglais à Madagascar et dans l'Ouguanda sollicitent aussi notre attention.

Nous sommes, nous, partisans d'une parfaite entente avec l'Angleterre, entente dans laquelle la Grande-Bretagne se rendrait aux justes raisons de la France; aussi faisons-nous des vœux pour que la paix qui règne depuis de longues années entre les deux grands pays se continue toujours; mais il faut compter avec toutes les éventualités, et penser qu'un jour, — jour néfaste pour tous, — viendra où la paix pourrait se trouver rompue.

Cette éventualité, ce n'est pas nous qui la prévoyons, mais ce sont les Anglais eux-mêmes qui l'ont annoncée par la publication de nombreux combats imaginaires entre la France et l'Angleterre, qui sont loin d'être sans intérêt, ainsi que cela a été indiqué dans de précédents écrits fantaisistes (1).

Les derniers événements donnent de l'actualité

La Bataille de Londres, par A. Garçon, 1 volume (chez Henri Charles-Lavauzelle); Le combat naval de Port Saïd, du même auteur (même éditeur-libraire); « Derniers combats », France Militaire du 25 février 1892.

au récit publié par notre excellent confrère *The Engineer* de Londres.

Nous voulons parler de *The Captain of the Mary Rose*, conte-récit de demain, ainsi que l'intitule son auteur, M. Laird Clowes, un écrivain de talent dont la compétence maritime est reconnue.

Nous avons pensé qu'il serait utile de faire connaître les idées de l'auteur dont l'ouvrage a eu un tel succès qu'il a dû l'éditer, peu après, en brochure spéciale. L'idée générale qui s'en dégage, c'est que, dans les guerres futures, les Anglais ont l'intention de délivrer des lettres de marque et d'armer des *privateers* ou corsaires.

Cette indication ne doit pas être négligée par notre pays, qui conserve encore, très vivace, le souvenir des exploits de nos audacieux Jean Bart et Surcouf, pour ne citer que ces deux noms célèbres dans la guerre de course, parmi la pléiade de nos hardis marins, la terreur des Anglais.

C'est pourquoi nous publions ici, dans la série des **Batailles imaginaires**, le récit intitulé : ***Un corsaire anglais***, [d'après l'ouvrage de M. Laird Clowes, en relatant les principaux faits de la guerre entre la France et l'Angleterre, ayant lieu, d'après lui, en 189...

LES BATAILLES IMAGINAIRES

UN

CORSAIRE ANGLAIS

I

CAUSES DE LA GUERRE

Le mardi 28 avril 189.., dans la matinée, l'agence Reuter publiait à Londres un télégramme qui était aussi fortement commenté dans le monde commercial que dans le monde politique.

Ce télégramme, daté de Toulon lundi soir, était ainsi conçu :

« Cette après-midi, un matelot appartenant à l'un des navires de l'escadre de la Méditerranée, qui est arrivée ici hier, se prit de querelle dans un café avec un matelot français du *Colbert*. D'autres marins anglais et français prirent part à la querelle, au cours de laquelle des coups furent échangés et, à la fin, les matelots anglais furent mis à la porte du café et poursuivis jusqu'à leurs bateaux.

» Dans la bagarre, des coups de revolver et de fusil furent tirés, dit-on, par les Français, et, malheureusement, il paraît y avoir eu du sang de répandu et peut-être mort d'hommes.

» Eu égard à l'excitation de la population, aux réticences de la police et étant donné qu'un cordon de troupes empêche d'approcher l'endroit de la lutte, nous ne pouvons donner de renseignements plus complets.

» Le préfet maritime s'est rendu à bord du vaisseau-amiral le *Victoria* pour demander ou donner des explications, on pense; mais, à son retour à terre, aucune indication n'a été donnée et rien de défini n'est par conséquent connu.

» Sans être très sérieuse, la situation peut le devenir. Les autorités locales sont en active communication avec Paris. »

Ce télégramme était alarmant par lui-même; mais sa gravité fut mille fois augmentée par la nouvelle qui suivit et fut publiée dans les colonnes du *Times*.

« Les nouvelles ci-dessus, disait le journal, sont,

autant que nous pouvons le savoir, les dernières
qui sont parvenues de France.

» Tous les câbles sont coupés ; mais nous espé-
rons avoir d'autres indications par voie de Bel-
gique, Hollande. »

Comme on le pense, cela causa beaucoup d'excitation et d'étonnement et fut le sujet de toutes les
conversations.

Heureusement, le Parlement siège et tous les
ministres se trouvent à Londres.

Mais rien n'a encore transpiré au sujet des déci-
sions prises. On pense, toutefois, que l'affaire n'aura
aucun résultat fâcheux et qu'une entente se fera
avec le gouvernement français.

Il serait trop long de suivre M. Laird Clowes
dans toutes ses dissertations, et assez bien trouvée
est la mise en scène qu'il imagine, lorsqu'il re-
présente M. Irving, l'éminent tragédien, jouant
Macbeth au Lyceum et faisant relever le rideau
pour communiquer au public les mauvaises nouvelles qu'il vient de recevoir, excitant les Anglais
à faire leur devoir dans les circonstances pénibles
du moment.

Il est question d'excitations à Paris et de ma-
nifestations à Londres, tandis que l'amirauté fait

tout préparer pour renforcer l'escadre de la Méditerranée.

Voici quelle est l'importance de l'escadre anglaise dans les eaux de Toulon :

NOM DES NAVIRES.	Tonnage.	Force vapeur.	Canons.	Equipages.
Cuirassés de 1re classe.				
Agamemnon..................	8.660	6.360	6	400
Sans-Pareil.................	10.470	14.000	15	587
Collingwood.................	9.500	9.570	10	459
Colossus....................	9.420	7.500	9	325
Dreadnought.................	10.820	8.210	4	440
Edinburgh...................	9.420	7.500	9	445
Nile........................	11.940	12.000	10	500
Inflexible..................	11.880	8.010	12	460
Thunderer...................	9.330	7.000	4	400
Trafalgar...................	11.940	12.000	1⁴	500
Victoria....................	10.470	14.000	15	500
Croiseurs cuirassés.				
Australia...................	5.600	8.500	12	460
Undaunted...................	5.600	8.500	12	460
Bélier-torpilleur.				
Polyphemus	2.640	5.520	»	132
Croiseurs de 3e classe.				
Fearless....................	1.580	3.200	4	140
Scout	1.580	3.200	4	140
Aviso.				
Surprise....................	1.650	3.030	4	93

Marquons que l'ambassadeur d'Angleterre à

Paris quitte la France et regagne l'Angleterre par la voie belge, tandis que l'ambassadeur de France à Londres reçoit ses passeports, lorsque, le mardi, à 6 h. 20, un bateau torpilleur français portant le drapeau parlementaire fait parvenir des dépêches par lesquelles il est annoncé que l'amiral anglais, ayant repoussé les légitimes réclamations des autorités de Toulon et n'ayant ni fait d'excuses ni donné réparation pour ce qui s'était passé dans la bagarre, où plusieurs matelots français avaient été molestés, et, de plus, ayant contrevenu aux ordres du gouvernement français en quittant les eaux de Toulon avant le règlement dè l'affaire, la République française déclare la guerre à la Grande-Bretagne.

Que s'est-il donc passé exactement à Toulon ?

L'amiral anglais, ayant répondu par une fin de non-recevoir aux sommations de l'amiral français et des autorités de Toulon et voyant l'impossibilité d'attaquer les forts et surtout le danger des mines sous-marines, avait donné l'ordre de départ à toute la flotte anglaise, malgré l'avis spécial qui lui avait été remis, que tout mouvement de l'escadre serait considéré par les Français comme une menace d'action.

C'est par une nuit assez obscure que le mouvement a lieu, et il est question d'exercices de recherches et de protection par la lumière électrique, qui ne paraissent donner aucun résultat heureux (l'auteur les trouve inutiles et dangereux).

Le récit de l'action, où la flotte anglaise est fortement endommagée, est fait par un officier volontaire embarqué à bord du *Nile* et qui, recueilli après le désastre par le bateau italien *Agostino-Barberigo*, adresse sa relation au *Times*.

II

BATAILLE NAVALE DE TOULON

Au commencement des hostilités, la flotte française de la Méditerranée, renforcée par une escadre de réserve nouvellement constituée, se composait de :

17 cuirassés ;

10 croiseurs ;

5 canonnières-torpilleurs ;

10 torpilleurs de 1re classe dont le détail suit. (*Voir à la page 16.*)

Cette imposante force navale était divisée en deux escadres, dont partie dans la rade de Toulon, et l'autre en dehors, croisant sur les côtes.

Le mouvement de sortie de la flotte anglaise se fit dans la nuit, et assez lentement, eu égard au peu de vitesse de l'*Agamemnon* et de l'*Inflexible*, qui donnaient avec difficulté dix nœuds de vitesse.

Une dernière fois, l'amiral anglais fut avisé par un aviso français que, s'il continuait son mouvement, les navires français avaient ordre d'attaquer.

NOMS DES NAVIRES.	TONNAGE.	FORCE VAPEUR.	CANONS.	ÉQUI-PAGES.
Cuirassés.				
Amiral Baudin..............	11.380	8.320	15	500
Courbet....................	9.652	8.112	14	670
Dévastation	9.639	8.154	14	685
Formidable.................	11.441	9.700	15	500
Hoche......................	10.650	11.300	20	660 (20)
Marceau	10.581	12.000	21	660
Amiral-Duperré.............	10.487	8.120	19	664
Caïman.....................	7.200	6.000	6	332
Friedland..................	8.824	4.428	16	676 (10)
Indomptable................	7.168	6.605	6	332 –
Richelieu..................	8.767	4.240	19	720
Trident....................	8.456	5.083	16	730
Colbert....................	8.457	4.652	16	706
Terrible	7.713	6.230	6	332
Redoutable.................	8.857	6.071	14	700
Vauban.....................	6.150	4.561	11	440
Bayard.....................	5.986	4.538	12	450
Croiseurs.				
Cosmao.....................	1.877	6.000	4	150
Troude.....................	1.877	6.000	4	150
Lalande	1.877	6.000	4	150
Sfax.......................	4.502	6.522	16	473
Jean-Bart..................	4.122	8.000	10	360
Cécille....................	5.766	9.600	16	486
Faucon.....................	1.240	3.233	3	134
Vautour....................	1.280	3.391	5	134
Condor	1.240	3.582	5	134
Wattignies.................	1.310	4.010	5	140
Canonnières-torpilleurs.				
Dragonne...................	395	2.000	Mitrailleuses et canons à tir rapide.	63
Dague	395	2.000		63
Léger	450	2.200		63
Bombe......................	395	2.000		63
Lévrier....................	450	2.200		63

Plus les torpilleurs de 1re classe :

Audacieux, Coureur, Ouragan, Téméraire, Kabyle, Orage, Aventurier, Éclair et un que nous ne connaissons pas et que l'auteur baptise Aleya.

La flotte anglaise continua son mouvement de retraite ; dès lors, les hostilités ne devaient pas tarder à commencer.

Voici ce que relate l'officier volontaire dans sa correspondance au *Times* :

Il était environ 2 h. 1/2 lorsque, soudainement, un navire de la ligne française dirigea le jet de sa lumière électrique sur nous et tira un coup de canon à blanc. Tous les navires français agirent de même ; de sorte que nous fûmes noyés de lumière et de fumée. La lumière électrique est aveuglante, et il n'est pas possible de juger exactement où se trouve le foyer de projection et la distance de ce foyer.

Le narrateur était à bord du cuirassé anglais *Nile*. La flotte française paraissait avoir pris l'ancienne formation de combat ; mais elle la modifia, et bientôt nous vîmes venir sur nous un groupe de trois cuirassés que nous pensâmes être le *Formidable*, le *Hoche* et le *Marceau* qui nous criblèrent de projectiles. Les premières décharges d'artillerie avaient tué ou blessé presque tous les matelots de pont et notre commandant était assez gravement atteint. Nous répondîmes toutefois avec vigueur, et l'un de nos projectiles atteignit un des navires français à la hanche de tribord, autant que nous pûmes en juger par la flamme des pièces. Au même instant, un obus atteignit en plein notre tourelle d'arrière, démontant tout le mécanisme et coupant nos communications avec les autres parties du navire, pendant qu'une pluie de projectiles criblait la coque. Une fois un peu dégagés, nous pûmes nous rendre compte que tous les appareils hydrauliques pour la manœuvre des pièces étaient devenus impossibles à faire fonctionner et qu'une forte voie d'eau, qu'on eut grand peine à aveugler, existait dans la coque du *Nile*.

Toutefois, le capitaine résolut de continuer le combat et d'engager de nouveau l'action avec le *Marceau* ou tout autre navire français.

A peine avions-nous manœuvré dans la direction, que nous étions attaqués par deux torpilleurs de haute-mer et par des torpilleurs de moindre importance, nos appareils électriques et nos mitrailleuses étaient hors de service, lorsque nous reçûmes un choc formidable vers les sabords de la tourelle d'avant et que nous vîmes le puissant *Nile* soulevé en l'air comme par la main du géant. Nous comprîmes que c'en était fait de notre navire, qui commençait à faire eau de toutes parts et à couler ; on mit à la mer les quelques embarcations disponibles, mais elles furent entraînées et coulées dans le remous du cuirassé.

Quoique grièvement blessé, notre commandant nous cria : « N'amenez pas le pavillon ! Songez à ce que l'on dirait de nous en Angleterre ! » Et, une embarcation française s'étant approchée en nous demandant de nous rendre, il répondit à l'officier par la décharge de son revolver.

Mais, peu à peu, le *Nile* s'enfonçait et finit par couler à pic.

Lorsque je revins à moi, je me retrouvai accroché à une pièce de mâture que j'avais saisie instinctivement.

J'eus la bonne fortune d'être recueilli par un canot du *Agostino-Barberigo*, qui m'avait aperçu, et où je reçus tous les soins nécessaires.

Mes premières questions furent au sujet de notre flotte, et, comme l'*Agostino-Barberigo* avait pu assister de loin à une partie du combat et qu'il en connaissait le résultat par sa rencontre avec le vaisseau-amiral français *Amiral-Baudin*, je puis vous indiquer toute l'étendue du désastre pour l'Angleterre.

Le *Nile*, l'*Agamemnon*, l'*Edinburgh*, l'*Inflexible*

et le *Collingwood* sont coulés ; le *Victoria* et le *Polyphemus*, fortement endommagés. La *Surprise* avait été vue en feu ; le *Fearless* était pris ; on n'avait pas de nouvelles de l'*Australia*.

D'autre part, les Français avaient perdu le *Sfax*, le *Trident* et les torpilleurs *Vauban* et *Kabyle*.

Beaucoup d'officiers anglais étaient prisonniers à bord du *Cécille*.

En fait, la victoire est aux Français, et la flotte anglaise de la Méditerranée n'existe plus ; la moitié des navires la composant ont été coulés et les autres sont démontés et incapables de se mesurer en de nouveaux engagements.

La leçon de ceci doit être que notre défaite n'est pas due seulement à notre infériorité numérique, mais à ce que la flotte était faible aussi bien en armement qu'en organisation.

Nos canons monstres du *Sans-Pareil* et du *Victoria* ont éclaté ou ont été mis promptement hors de service.

Dans une édition suivante, le *Times* annonçait à ses lecteurs que la lettre qu'il avait publiée et dont nous avons relaté la partie principale était du lieutenant Thomas Bowling, officier en demi-solde embarqué sur le *Nile*.

Continuant le récit de cette guerre imaginaire, M. Laird Clowes nous apprend que les Français attaquent Portsmouth avec succès et s'emparent de l'île de Wight.

Un conseil de défense nationale est institué, les gardes-côtes armés et la flotte dite du Canal, qui se trouve à Vigo, est rappelée pour la défense de la vieille Angleterre, tandis qu'à l'intérieur l'armée s'organise pour repousser une invasion probable.

III

UNE LETTRE DE MARQUE

En écrivant, sans permission de ses supérieurs, au journal *The Times*, le lieutenant Bowling avait contrevenu aux règlements militaires, car c'était à ses chefs et à l'Amirauté que cette correspondance aurait dû être adressée ; aussi, lorsque le lieutenant arriva en Angleterre en passant par la Suisse, l'Allemagne et la Hollande, fut-il vivement surpris et mécontent lorsqu'il apprit que, pour la faute qu'il avait commise contre les règlements, l'Amirauté l'avait rayé de la liste des officiers de la flotte.

Thomas Bowling était un officier de grand avenir, aimant beaucoup son métier ; il était d'une excellente famille et jouissait d'une certaine fortune.

Ayant essayé de faire agir des personnes influentes pour être remis en possession d'un emploi dans la marine militaire, il échoua complètemnt.

C'est alors que, voulant servir son pays dans les

pénibles circonstances où il se trouvait, il sollicita une lettre de marque et équipa un corsaire, l'Angleterre et la France ayant réciproquement dénoncé l'article du traité de Paris qui interdit la course.

Le navire qu'il achète en participation avec le journal le *Times*, cause de sa disgrâce, lord Nordman et plusieurs autres amis, coûte 300,000 livres. C'est un croiseur cuirassé que la maison Armstrong, Mitchell et Cie vient de terminer à Elswick pour le compte du Chili; son nom est *Valdivia*. Comme genre de construction, le navire se rapproche du croiseur cuirassé *Capitaine-Prat*.

Le Chili et le Gouvernement anglais consentent à la transaction.

Voici la brève description du *Valdivia* : Navire à hélice double, croiseur cuirassé, 6,900 tonnes de déplacement, force-vapeur 1,200 chevaux, vitesse 19 nœuds. Longueur 328 pieds, largeur 60 pieds, profondeur 35 pieds, cuirasse du pont 2 pouces d'épaisseur. L'armement consiste en 4 canons de 23 tonnes montés en barbette, plus 8 pièces à tir rapide montées toutes sur le pont, mitrailleuses Nordenfeld et Maxim garnissant les parties libres du navire, lequel est, en outre, armé de quatre

tubes lance-torpille et dispose de projecteurs électriques ; les soutes peuvent contenir 400 tonnes de
charbon, ce qui permet de faire 7,000 nœuds à
la vitesse moyenne de 10 nœuds.

Pour l'organisation de son équipage et l'armement de son navire, le lieutenant Bowling avait
trouvé certaine aide, même parmi les Membres de
l'Amirauté, et l'amiral sir Taffrail Stormer, père de
la fiancée du lieutenant, était l'un de ceux qui
avaient le plus favorisé l'équipement du corsaire,
lequel fut rebaptisé *Mary-Rose,* nom de la fille de
l'amiral.

Enfin, le jeudi 7 mai, le privateer *Mary-Rose,*
ayant terminé tous ses essais, descendit la rivière
Tyne. Les premiers jours furent employés à des
manœuvres et à des exercices de tir.

Pendant ce temps, les hostilités continuent au
Sud, et, après la bataille de Toulon, la flotte française attaque Gibraltar, où la résistance est sérieuse.

IV

EXPLOITS DE LA « MARY-ROSE »

Le Gouvernement français avait fait publier un nouveau code de signaux ; cela rendait difficile au corsaire l'emploi de la ruse et de la surprise.

Le commandant de la *Mary-Rose* résolut de croiser sur les côtes de France et de profiter des occasions qu'il pourrait trouver pour faire le plus de mal possible à l'ennemi.

Quelques jours se passèrent en recherches dans la mer du Nord et dans la Manche, lorsque, à la hauteur du cap de la Hague, trois navires furent signalés à huit milles ; la *Mary-Rose* mit le cap dans leur direction.

L'un de ces navires paraissait être un croiseur et les deux autres appartenaient au commerce.

A plus courte distance, on reconnut le transatlantique *Normandie* et le *Paraguay*, des Chargeurs-Réunis, escortés par le *Duguay-Trouin*, de la marine militaire.

Comme on ne répondait pas à leurs signaux, les trois navires français firent des préparatifs de combat ; mais ils virent bientôt que, seul, le *Duguay-Trouin* était capable de quelque résistance. Son artillerie n'eut que peu d'effet sur le corsaire anglais, qui put l'approcher d'assez près pour démonter l'hélice et avarier les appareils moteurs. Malgré cela, le croiseur français recommença la lutte ; mais son artillerie n'était pas assez forte, et le navire devenait bientôt la proie de Bowling qui put s'emparer aussi de la *Normandie.*

Pendant le combat, le *Paraguay*, faisant force vapeur, pouvait atteindre Cherbourg, où il donnait l'alarme, et ce fut à Plymouth que le commandant de la *Mary-Rose* conduisit ses prises et en fit opérer la vente.

Poursuivant sa route vers la Méditerranée, la *Mary-Rose* captura par ruse un bateau charbonnier français et eut un engagement assez chaud avec le grand croiseur français *le Tage.*

Quelques coups de canon sont échangés avec le navire *Cécille;* mais le corsaire est obligé de fuir devant le *Cosmao*, et, dans un engagement avec l'*Alger*, la *Mary-Rose* est endommagée et son commandant blessé.

La lutte contre le *Cécille* est plus heureuse pour l'ancienne *Valdivia*, qui parvient à s'emparer du bâtiment français, lequel est conduit à Malte.

Les succès du corsaire mettent en relief le nom de Thomas Bowling, qui, avec la *Mary-Rose*, prend part à une grande bataille navale ayant lieu dans les environs de Gibraltar, où toutes les forces maritimes de l'Angleterre ont été concentrées. Il y a de grandes pertes de chaque côté, et les Anglais cette fois s'attribuent la victoire.

Blessé grièvement dans le combat par un projectile de Hotchkiss qui l'avait atteint en plein front, le commandant de la *Mary-Rose* revint en Angleterre avec son navire, qui parut avoir besoin de sérieuses réparations, et, en récompense de sa belle conduite et de ses succès, Thomas Bowling est successivement réintégré dans son grade, promu commander, puis capitaine de vaisseau, et le *Times* du 8 juin annonce que, en reconnaissance des services exceptionnels rendus par le capitaine Thomas Bowling, Sa Majesté a daigné le nommer baronnet.

A la conclusion de la paix avec la France, faite à l'avantage réciproque des deux puissances, le 29 juin, le *Morning Post* publie ces quelques lignes :

« Hier, à Plymouth, le capitaine sir Thomas Bowling, complètement rétabli de ses blessures, a été marié à Mary-Rose, la plus jeune fille de l'amiral sir Taffrail Stormer. Le mariage a été célébré dans l'église de l'arsenal au milieu d'un nombreux concours d'officiers de l'arsenal et des vaisseaux qui rentrent pour désarmer, par suite de l'heureuse conclusion de la paix que, pour l'intérêt des deux contrées, nous désirons ardemment ne jamais être troublée de nouveau. »

QUELQUES CRITIQUES

On a vu dans ce récit que notre croiseur *Cécille*, qui, aux derniers essais complémentaires s'est montré très supérieur et excellent marcheur, était capturé par le navire corsaire *Mary-Rose*.

Pour arriver près de la vérité, on aurait pu choisir un navire de moindre importance, plus ancien de construction ; mais ne nous arrêtons pas à cela. Coïncidence assez curieuse, c'est au contraire le *Cécille* qui, près de Toulon, en revenant, avec l'escadre, des grandes manœuvres, a coulé récemment un vapeur anglais qui n'avait pas fait attention aux signaux et s'était à tort et imprudemment engagé sur la route suivie par les cuirassés français.

Ceci n'est qu'une petite critique de détail, surtout au lendemain de la terrible catastrophe du cuirassé le *Victoria* coulé par le *Camperdown*, lesquels figurent aussi dans notre récit ; cela montre certaines défectuosités d'armement et de direction de la flotte militaire anglaise.

Comme les observations générales sont le fruit d'une étude assez sérieuse de la marine de guerre, nous pourrions tirer de notre étude spéciale les conséquences suivantes au sujet de la composition et de la direction des flottes actuelles :

Importance de la vitesse et de la mobilité pour les navires de guerre; efficacité des torpilleurs; trop grande complication des appareils moteurs dans les cuirassés; dangers de l'emploi de la lumière électrique en certains cas; nécessité de supprimer les pièces lourdes qui surchargent les cuirassés et, éclatant le plus souvent, rendent leur emploi dangereux ; utilité de l'éperonnage et des pièces à tir rapide; urgence de changer la tactique navale pour obtenir un meilleur emploi des forces à disposition : tels sont *grosso modo* les faits qui se dégagent du récit que nous venons de faire.

Nous pourrions critiquer aussi la manière dont la déclaration de guerre est faite, le bombardement de Gibraltar, ainsi que de nombreux détails que relèveront et jugeront à leur valeur les officiers compétents; cela serait trop long : bornons-nous à relever l'assertion suivante, souvent répétée en Angleterre.

Dans toutes ses guerres navales avec l'Angleterre, la France a cherché à obtenir quelques avantages matériels sans risquer une action générale.

D'autre part, la politique navale de l'Angleterre a été de rechercher principalement la flotte ennemie, de la couler, de la brûler ou de la capturer.

Par cela même, la France a perdu souvent l'occasion de remporter une grande victoire en ne s'engageant pas assez, réservant ses forces navales pour d'autres actions ; et, si l'Angleterre a eu de grands succès sur mer, c'est qu'elle a poussé l'action à fond.

Nous n'avons pas l'autorité nécessaire pour discuter complètement la question ; mais nous pensons que la supériorité du nombre a été, en beaucoup de cas, la cause des succès de l'Angleterre, et que, forte de sa situation actuelle et de ses récents exploits, fière de ses glorieuses légendes, la marine française n'en redoute aucune autre et saura toujours tenir flottant haut et fièrement le pavillon national dont la garde lui est confiée.

A. Garçon.

TABLE DES MATIÈRES

Paris et Limoges. — Impr. milit. Henri CHARLES-LAVAUZELLE.